Rocío Ágreda Piérola

Horses Drawn with Blue Chalk

Translated from Spanish by **Jessica Sequeira**

Horses Drawn with Blue Chalk
© Rocío Ágreda Piérola, 2021
Translation © Jessica Sequeira, 2021
Spanish translation of Translator's Note by Felipe Orellana Baeza

Señal #16
ISBN 978-1-946433-86-2

First Edition, First Printing, 2021
600 copies

Ugly Duckling Presse
The Old American Can Factory
232 Third Street, #E-303
Brooklyn, NY 11215
uglyducklingpresse.org

Series design: Andrew Bourne
Typesetting: Don't Look Now!
Type: Chronicle Text
Printing and binding: McNaughton & Gunn
Cover and fly leaf letterpress: Ugly Duckling Presse

Distribution: SPD | Small Press Distribution
spdbooks.org

This publication was made possible by support from the New York State Council on the Arts, with the support of Governor Andrew M. Cuomo and the New York State Legislature.
This project is supported by the Robert Rauschenberg Foundation.

Sunlight Will Win

> *literature will lose, sunlight will win, don't worry*
> —Franz Wright

It doesn't happen in any place. It's not a story. I don't know what it is. It was dictated to me, or maybe I'm inventing it right now. I'm in a hospital, everything is white disinfection and all I remember is a horse's neigh. I give thanks that it's the only thing that fills my memory, save for the harmless structure of my language.

I don't know what language I speak, but I feel I'm fluent in it, as one is fluent in a vision that spans an unlimited spectrum of microvisions. Let me explain myself. It's as if my language were a material that molded itself perfectly to my thought, with no tension, no need for agony. I can speak exactly what I think, as fast as I want to say it, if I do want to say it. I don't remember a thing, and think that just by having the potential ability for speech, I must somehow possess the keys to hell. If I have to create metaphors, all that's needed is to open my mouth.

*

I must not be a coward.

I need to tell something first. The boy I met on the way to the cemetery was called Xllul. He was brown, he had big eyes and a small hawk nose. He had cold hands and a trickster's eyes. I'm not happy about this way of describing. It's too imprecise, it adds no extra dimension to my tale. Maybe if I could at least lend a hand to time. You are Xllul. You are time. You are the first and last little boy I met and will meet, I've evoked you in all others. This isn't completely true. It is not.

The problem is that I have no inner world, or it's stuck. How poor of spirit I have been, and am. Suffering shrinks one. And how.

*

And this is how I could continue the tale, if only breathing had given me something to tell. I've had no friends, this time hasn't left me a thing. I owe and owe and owe. I'm an illiterate man. My sentimental education has tyrannized the time. I'm out of time. I plow this desert. I cultivate the onions of silence. The world is one more appendix. I'll surrender these pages to the fire. I won't live long. I have neither faith nor desire. I don't know the true blaze, from myself I hoped to extract a spurious shine, a tinsel of perishable tendernesses brief but alluring as fraud.

*

(I won't give myself easily. I have to forget you. I'll cross the ocean, take an exit every time I drive down the highway. I refuse to look at this spectacle of dinosaurs anymore, this circus of the subconscious.

I'm a very shy man, I won't show you my face. Make no mistake. I must remove everything and cure myself of your vacuum. Great, immense, monstrous and at the same time nothing, a few vulgar words and expectations. This is how a universe collapses. Blue, nebulous, an impossible universe. The last, and now nothing. Go on and break, I crush you against the rocks like a mollusk, all mouth and apologies, all excuses and I squeeze just one blue chlorophyll drop from you, the blood of greed.)

*

I've just taken communion and am in ecstasy. I'm beyond myself. I've just taken communion and balance outside myself. I don't want. I don't want. Heart, arrhythmic, come, stop despite everything. Come. Overcome everything and come, in pursuit of something, a deserted word. Quench my thirst, early on this morning that the birds chirp and peck at rice. Before the deluge, come, to contain my ecstasy. Come. I won't wake. I won't wake. I won't wake. Go, it's late and I'm dead. —Malina Bach

It seems that we knew something about art when we felt the meaning of the word "solitude." —Maurice Blanchot

*

I hug a tree. My friends are drunk, scattered by cold. Now I'm going to learn to write. I'll copy out a story for you and transform it as it happens. I'll see colors that I'm unable to see. I'll paint a desert for you. I'll tell you an atrocious story one day, to heal. To cure myself of you I must spit out a book. A beautiful book and my saliva will be the star with five points... I'll write with light and life. And a little rage. I'll tell you an atrocious story, in the most gorgeous way. A redheaded woman. She devoured my heart like a bird of prey. She flew through airs and in the middle of her siren song, I saw the ugliness smooth on her beautiful face.

*

To write about the book that Xllul wanted to search for. To make him a character. Sehnsucht: to start from an error. To write about such a structured topic, about characters. A woman obsessed with the sign and with H. The recurring dreams are Sehnsucht, the real episodes. To take care of a junkie. In hindsight. Coppelius. Defenestration. A female writer who doesn't write. A blind poet. To investigate: the political?, poetry or madness. Investigative style. Delirious fragments.

*

I don't have time. I must fragment it with the aim of reconstructing and vanquishing it. I've got twenty years to my name, sir, and a woman like a song. Of sirens. I have to fragment time to reconstruct it down to its smallest parts, lapse, duration, experience, breath. My life is spent on this, and my verses. What must I do now. I have no order assimilated, my thought runs in pursuit of nineteen different directions at least. I possess a certain rhythm, rhythm has given me harmony. I must lie to you. My country is unreason. Dionysian pessimism. Love, because I must lie to you, I write. So that you return. So that you've never left. Language is a danger to temporality. The tragic situation in which the latest events have submerged me makes me laugh. I don't forget, I don't forget you, the habit of loving and taking care of a stranger. I'll never hurt from the time lost. But at a certain age, one must be a little more sparing with time, if one wishes to do something with it. Precious solitude, the absence you've imposed on me is priceless, my love. How will I repay you?

*

Héctor Viel I read you day and night with my two eyes with my two hands.

My nature: to be born at 33.

All I must do is channel my novel, I have time, I have it, I have it. I have time. I remember, I hear attentively, from the depth of language a certain intelligence speaks. A certain meaning, a certain order that I've lost. I must listen, write, breathe, keep breathing, assimilate myself in my hearing to that murky depth, from which the chaos speaks that isn't me. I am not what happens, so then what am I. Am I the system? I must begin again, I must breathe, I must write and give an account of something. That there's nothing behind this mask? It might be a shortcut. Yet what matters isn't arrival but the journey, to weave, knit time or unknit it. Somehow one arrives. Somehow I must make even language arrive. There are zones in it that repel me. Not to speak of certain things? One must speak of them, then. Precisely of that which one cannot speak. That's the only thing that interests me. To speak. Of what one cannot.

Like in an Old Movie

Like in an old movie
about an obscure myth
Atahualpa speaks with Pizarro
(Pizarro just moves his lips)
in the movie about Atahualpa
his tongue (that of Pizarro) is not a man's
his tongue (that of Pizarro) is a strange grunt
but what is this you hurl at me, red man,
but what is this, wooly man?
pure stain,
an infinite procession of gloomy ants?
asks Atahualpa
Pizarro just moves his lips.

The Swimmers Coordinate Their Strokes

the swimmers coordinate their strokes
on the banks of my soul
to name this state
to dare say soul
the years come in gusts
I unfinish
I wait crowned with love
I disorder my habits
I naïvely choreograph before the silence facing him
by my eyes there passes
the gold where the dust of my childhood home dances
camels pass
the same Bolívar Street as ever
the red moon and my mothers' shouts
the storm takes photographs of instants in flight
I miss the horses drawn with blue chalk on the walls
I recognize the will to create pretty spaces
where I discover nothing
and not only that
I dismantle my instruments
I twist them out of tune to catch other sounds
an insect looked at me
this wasn't the way to arrive I suppose
I align my eyes in a direction
that lets me shipwreck
nothing but inside myself
I go yellow
I confront no answer
I shelter an error as if it were a refuge
I corral an idea that neighs and kicks to escape
it doesn't matter
outside *to become wind*
he looks me in the face
I persist
invisible as I am

I collect subtle movements on a stone beach
the battle isn't lost in any way
I take stock of even the tiniest movement
I still press it down a bit at the edges as I sculpt it
I twist my tongue out of tune
the one I used as a stick to gather the fruit
when they threw us out
and I begin again

In Spite of the Dream

in spite of the dream
and given we're sleeping now
as if we paid attention in that deep stumbling
of the surface
the abyss of the mirror
the vertigo of—
of the riding hood and savage logos
now we'll talk somewhere else
I tell you there was a direction
for this spell
a bridge
but so much time since then has gone by
an avalanche of mud has passed through the house of water
now we await the slightest event
even so it has happened, we say
of an ancient echo the wind
almost unintentionally recites
madre oscurità
oh temple of the nervous system
may this fatigue be divine
you should admit it too, amnesiac goddess
in the deep hours of night
when you smile in the eyelid's gravity
between eye and eye
that unlike the sea you don't want
to keep starting again
in spite of
the expansive flocks of being
its pack of wolves
the immanence of joy's roots
the whisper of stars
in spite of
the city the wasteland
the persistence in this madness called time
I've not forgotten to conduct this danger

no matter where the delivery has to arrive
its lost joy
recovered

Autumn Stabs Us from Its Pages

(after a picture of Margarita Terekhova)

autumn stabs us from its pages
my eye flounders in time and in the dark radiance of your hair
it loses itself like a legion of swift-traveling stars
in the direction opposite all perception
like a delirious shoal fugitive from the blue
and from the ghost of your saliva
I've never been here before
my life goes by in seventeen minute sequences
forget me as soon as possible
(would you be so kind as to bring me a glass of water)
you conceal yourself with candor
you conceal yourself with thread, as arrow
you implicate yourself in series that are linked
to an unnecessarily ominous void
you flip around and head where you shouldn't have
you return toward the wolves that love flesh
in a rigorously non-Newtonian fall
keep yourself sober
even the devil felt shame at the exact instant
forgive me I'm seducing a grimace of yours in the mirror
arm me with courage I'm resisting your reflection's
    cannibalism
forget me I'm not going to argue for or against
I knew you'd insist on a blue landscape
I knew you'd try to recover me in the brilliance of a vision
without rhyme or reason
Nel mezzo del cammin di nostra vita mi ritrovai per una selva
    oscura...
when music is no longer enough to perfect the breathing
read only what's highlighted
we'll be late
we'll always be late or too early never on time
our religion has been silence

darkness our way of looking
to see what I want it's necessary
to not look to leave things boiling jumbled as possibility
(up to a point to act is a crime)
but that reveals nothing about silence, you say
silence is a minefield sorry if I contradict myself
silence is a minefield with mute children running
as an imprecise heart beats
beyond all hearing
within that silence I build my house I sharpen my pencils
and brush my hair
within that house I bless the light and its caress
within that house I laugh like a madwoman
I pick out my dress my century and my country
at the exact level of my error
within that house I undo and outdo myself
I convince myself it's been the only way century after century
until now

How Could I Not Come Out Flying

How could I not come out flying
with the infinite sea of electricity.
How could I not plug myself at the last moment
into the tide.
I speak from the dirty streets of this city,
which emerged from the dimensions
where we join together at night
to become giants.
From which we come later to die, disoriented.
As I've said before somewhere else,
the average keeps escaping me.
I commit myself to infraexperience
by becoming an ant.
(In matters of limits,
I didn't say I was inoffensive)
I move only as much as necessary
by turning into a celestial body.
As if everything weren't promised to being.
As if everything weren't perhaps on the verge
of likewise not being.
That's why I make amends each day,
I clean my wounds,
I forgive myself for the assaults of dynamite,
the mass casualties.
I turn off the televisions.
No landscape withstands the cut
I'm making from here.
I cut out substances,
I wash myself to process the silence:
In my childhood there's a town of the future.
In my childhood there's an angel who promised me wrath.
Now I guide myself by the cosmography
of paradise lost.
My language won't put up with a vertical order.
I make myself invertebrate but not inoffensive.

I cultivate a form of speaking that isn't collapse,
a serpent's language to save me
when I plummet.

The Darkness & Three Strangers in the Appearance of a Body

> *In the desert of writing that is your land,*
> *the land where you are no prophet.*
> —Blanchot, by heart

the darkness
and three strangers in the appearance of a body
in the forest's solitude
a city caught fire behind our backs
could Nero have heard that music of sirens too?
a stone has swallowed up the tar
brewing it within its mortar, safeguarding the sole flower
    asleep inside
but meanwhile, the beauty of the pitch woos the silence of
    stones
the ones we now leave behind
only in the darkness do we see clearly, said the Frenchman
when the silence begins dancing
can you imagine how laughable the measurements of time
    must be
for ecstasy
and for the eyes that saw you dance on the knife-edge of silence
they're even worse

Frau im Erde

little scene of hunger
where it digs and digs into the fortress of myself
I shouldn't have come down with this headache so early
this nausea
the words it doesn't say
are going to come gnaw at my ear
behind glass panes the milky way can be seen clearly now
where will I get the lightning bolt
the luminescence I've given you to drink in darkness
where will you go so early
along the icy street where I don't recognize you

little scene of fervor
where your body is the garden for metamorphoses of being
your body is my home

little scene of folly
where it's too soon to decide on appearances
but I won't settle
              my tongue draws you from memory
its heart shivers in the hyena-ringed forest

Blossoming Luck

I dream of a man from Kiev reading Spinoza in prison
as illiterate men ride camels in the desert's eye
and onshore in the shadow of being
everyone contemplates themselves in a wasteland of symbols
called philosophy
but I don't corroborate it
(I'm incapable of doing the same thing two days in a row)
yesterday I fed a crazy cat that refused to get off the roof
now cats from all corners of the city pour in
they break my things
they've trussed up my dog by the paws
they've kicked him out from who knows what
since for him everything is inside
I remember my friends
we moved forward looking back trying to recuperate innocence
and today it's up to me to dismantle all that
to put a certain altered state of emotion in order
and to meditate on things I've lost
out of distraction
out of sometimes losing the key
or the address
and the map
out of likewise forgetting the cities
where they're built
there are very beautiful ruins in my heart
a civilized zeal for disappearances
above all an eagerness to crush to dust
the follies of memory

We Un-Inhabit Our Kingdom of Moss

desirous I flee from my mater
as it is inside so is stasis
a violent and beautiful dream that devastates me every night
I cling to the indulgence of existing
to keep dreaming
my guardian angel backs off at a slant
the crickets sing
I'm alone in my desert
surrounded by infinitesimal she-wolves
don't even think about knowing rocío
I break all strings
I burn all music to learn to hear
on the edge
my nervous system forces itself to perform
at the door of my temple I laugh
I learn to breathe

I've Seen Despotic Words

I've seen despotic words
leading armies
putting out fires
I've seen silences
ghosts of dentures
statues the mud of childhood preserves
but I've needed to be hunger
a well-behaved cannibal muzzled by their desire
but in every unworking I've seen a language
a time
a secret movement
an unknown music

Translator's Note

Trained in continental philosophy and literature, the Bolivian poet Rocío Ágreda Piérola practices an unworking of language. Like avant-garde musicians who purposely break their instruments, she deliberately twists her poetic tools so that they are out of tune, distorting her words to create startling images and unexpected juxtapositions. She is interested in the thickness of words, the weight of them and the way they fall. Frequently she either cuts herself off or jams phrases together, breathless at moments and suddenly mute at others. Her poems explore the precise relationship between everyday language and silence, or as she puts it in her final poem, "despotic words" and words that create an "unknown music." Reading her work draws our attention to the less tyrannical forms of sound, alternatives born of contingency. Between an event and the way it's narrated, there is a kind of gap, an impossibility, a poetic abyss which enables desire and new poetic possibilities to manifest. Despite their conceptual and linguistic daring, the poems retain a lush lyricism. The stuttering language settles into strangely captivating patterns, as the poet explores acoustic subtleties that bounce along from interruption to interruption.

Ágreda Piérola is interested in the material things of this world: the world of what is here, earthly things; a world populated by animals (hyenas, wolves, birds, cats, shoals of fish), parts of the body (the tongue, the nervous system) and the physical stuff of childhood (horses drawn with blue chalk). Faces appear too, as a manifestation of something other than the self. These things and people then appear in language and memory as specters, versions of the originals whose absence creates a new presence as poetry, erased on the wall but forever drawn and redrawn.

There is a playfulness to the work as well—pop culture blends with myth in her poem about a silent movie, and elsewhere Ágreda Piérola makes reference to her own name, Rocío, whose double poetic meaning is "dew." Her self, despite the omnipresence of the "I", is not a fixed essence or personality. To be is to repeat, and anything that claims to speak from a given identity with a given language becomes suspicious. For Ágreda Piérola, both excess information and excess sincerity read as cloaks to genuine communication, hence the move to disorder. Her work is ultimately addressed to neither herself nor the reader, but to an openness beyond the human.

In contrast to the rationalist philosophers, Ágreda Piérola seeks meaning—that loaded word—through this uncomfortable and never-ending undoing of her self, language and tradition, or as she puts it, which as she puts it is an "un-inhabiting." Her work thus includes rewritings of everything from Biblical language, to Dante, to the Spanish conquistadors, and is full of empty spaces, temples, deserts and wastelands, somewhere between ruins and new worlds. Maurice Blanchot, whose elliptical, enigmatic prose turns around what cannot be said, appears in this book, invoked to suggest the profound silence of solitude. Elsewhere, Ágreda Piérola cites the French writer in an epigraph: "In the desert of writing that is your land, the land where you are not prophet."

Ágreda Piérola fits slantwise into a tradition of Latin American writing that takes up the excavation of identity and the search for the sacred as its main themes. Rather than entrenching categories of identity—being from Bolivia, being a woman, etc.—it is grammatical structures and a focus on the physical body which permit their author to glide into other ontologies. Writers whose spirit Ágreda Piérola shares are Hugo Mujica, Eliana Navarro, Ernesto Cardenal and Héctor Viel Temperley, all of whom explore the relationship between carnality, communion and the word. Ágreda Piérola explicitly mentions the last, physically embracing her reference: "Héctor Viel I read you day and night with my two eyes with my two hands."

Horses Drawn with Blue Chalk is a selection of Ágreda Piérola's work drawn from two sources—her unpublished *Quetiapine 400mg*, a series of enigmatic first-person poetic prose fragments, and her published collection *Detritus*. The two complement one another in what is spoken and unspoken, what is presented to the public and kept hidden. This new presentation in a different language, English, is a further blue mask.

Guided by a practice of repetition and rephrasing, Ágreda Piérola as philosopher-poet draws and erases and draws again. We find the ghostly traces of old lines in her work—other writers, her memories. Yet the forms of the blue chalk are always new. Oneiric and surreal aren't quite the words for this difficult yet radiant language, which talks not around but more deeply into silence. For there is an urgent reality at the heart of the project, too. All the parts are here; there is hope. From collapse, a new intimacy may yet be made. There are moments for calling self-evident truths into question, and for speaking in new ways capable of forging deeper communication. Such a moment now gallops into view.

— *Jessica Sequeira, May 2021*

Rocío Ágreda Piérola (Cochabamba, Bolivia, 1981) studied philosophy and literature. Her work has appeared in anthologies in Peru and Chile, and she contributed as an editor to the Bolivian publishing projects Género aburrido and Lenguanegra. In 2017 she published the poetry collection *Detritus* (Maki_naria Ediciones), and currently she is working on a manuscript called *Quetiapine 400mg*.

Jessica Sequeira has published the novel *A Furious Oyster* (Dostoyevsky Wannabe), the essay collection *Other Paradises: Poetic Approaches to Thinking in a Technological Age* (Zero Books), and the hybrid work *A Luminous History of the Palm* (Sublunary Editions), along with many translations. She was awarded the Premio Valle Inclán for her version of Sara Gallardo's *Land of Smoke*.

Rocío Ágreda Piérola (Cochabamba, Bolivia, 1981) estudió filosofía y literatura. Su obra ha aparecido en antologías en Perú y Chile, y colaboró como editora en los proyectos editoriales bolivianos Género aburrido y Lenguanegra. En 2017 publicó la colección de poesía *Detritus* (Maki_ Naria Ediciones). Actualmente está trabajando en un manuscrito llamado *Quetiapina 400mg*.

Jessica Sequeira ha publicado la novela *A Furious Oyster* (Dostoyevsky Wannabe), la colección de ensayos *Otros paraísos: Aproximaciones poéticas al pensamiento en la era de la tecnología* (Zero Books) y la obra híbrida *Una historia luminosa de la palmera* (Sublunary Editions), junto con muchas traducciones. Su versión de *El país del humo* de Sara Gallardo fue galardonado con el Premio Valle Inclán.

En contraste con los filósofos racionalistas, Ágreda Piérola busca el sentido, esa palabra tan cargada, a través de este incómodo e interminable deshacer de ella misma, del lenguaje y la tradición, o como ella lo indica, y que en la forma en que lo indica, es un "deshabitar." Su trabajo, por ende, incluye reescrituras de diferentes cosas, desde el lenguaje bíblico, a Dante, a los conquistadores españoles, y está llena de espacios vacíos, templos, desiertos y páramos, lugares entre ruinas y nuevos mundos. Maurice Blanchot, cuya prosa elíptica y enigmática gira en torno a lo que no puede ser dicho, aparece invocado en este libro para insinuar el profundo silencio de la soledad. En otro sitio, Ágreda Piérola cita al escritor francés en un epígrafe: "En el desierto de la escritura que es tu tierra, la tierra donde no eres el profeta.."

Ágreda Piérola cabe de manera oblicua dentro de la tradición de escritura latinoamericana que reclama una excavación de la identidad en busca de lo sagrado como su tema principal. En lugar de atrincherarse en categorías de identidad (ser de Bolivia, ser mujer, etc.), son las estructuras gramaticales y un enfoque en el cuerpo físico lo que le permite a la autora moverse hacia otras ontologías. Ágreda Piérola comparte la misma naturaleza con escritores como Hugo Mujica, Eliana Navarro, Ernesto Cardenal y Héctor Viel Temperley, todos ellos exploran la relación entre carnalidad, comunión y palabra. Ágreda Piérola menciona explícitamente a este último, acogiendo físicamente su referencia: "Héctor Viel, te leo día y noche con mis dos ojos con mis dos manos."

Caballos pintados con tiza azul es una selección del trabajo de Ágreda Piérola sacada de dos fuentes, su inédito *Quetiapina 400mg*, una serie de fragmentos de una enigmática prosa poética en primera persona, y de su colección inédita *Detritus*. Ambas se complementan en lo que se habla y lo que no, lo que se presenta al público y lo que se mantiene escondido. Esta nueva presentación en una lengua distinta, el inglés, es una capa adicional de azul.

Guiada por la práctica de la repetición y reformulación, Ágreda Piérola, como filósofa-poeta, dibuja y borra y dibuja de nuevo. En su trabajo, encontramos huellas fantasmales de líneas antiguas, otros escritores, sus recuerdos. Sin embargo, las figuras de tiza azul son siempre nuevas. Onírico y surreal no son las palabras más exactas para este lenguaje a la vez radiante y difícil, que no habla en torno al silencio, sino que se adentra en él. Porque también hay una realidad urgente en el centro de este proyecto. Todas las partes están acá, hay esperanza. Incluso desde el colapso puede nacer una nueva intimidad. Hay momentos para cuestionarse las verdades evidentes y para hablar de nuevas formas capaces de forjar una comunicación más profunda. Uno de esos momentos ahora galopa hacia la vista.

— *Jessica Sequeira, mayo de 2021*

Nota de la traductora

Formada en filosofía continental y literatura, la poeta boliviana Rocío Ágreda Piérola practica un desajuste del lenguaje. Al igual que los músicos avant-garde que rompen sus instrumentos a propósito, ella distorsiona deliberadamente sus herramientas poéticas de tal forma que quedan fuera de tono, deformando sus palabras para crear imágenes llamativas y yuxtaposiciones inesperadas. Ella se interesa en el espesor de las palabras, en su peso y la manera en que caen. Con frecuencia, ella interrumpe o une frases, las deja sin aliento y silencia otras repentinamente. Sus poemas exploran la relación concreta entre el lenguaje cotidiano y el silencio o, como lo pone en su último poema, entre las "palabras despóticas" y las palabras que crean una "música desconocida." Al leer su obra, llaman la atención las formas de sonido menos tiránicas, alternativas nacidas desde el azar. Entre el evento y la forma en que se narra, hay una especie de brecha, de imposibilidad, un abismo poético que permite la manifestación del deseo y nuevas posibilidades poéticas. A pesar de su atrevimiento lingüístico y conceptual, los poemas conservan un exuberante lirismo. El lenguaje tartamudo adopta nuevos patrones extrañamente cautivadores cuando la poeta explora las sutilezas acústicas que saltan de una interrupción a otra.

Ágreda Piérola está interesada en las cosas materiales de este mundo: el mundo de lo que está aquí, las cosas terrenales. Un mundo poblado por animales (hienas, lobos, pájaros, gatos, cardúmenes de peces), partes del cuerpo (la lengua, el sistema nervioso) y los elementos físicos de la infancia (caballos pintados con tiza azul). También aparecen rostros como una manifestación de algo diferente al yo. Estas cosas y personas surgen en el lenguaje y la memoria como espectros, versiones de los originales cuya ausencia crea nuevas presencias en la forma de poesía, borradas de la muralla pero dibujadas y redibujadas hasta la eternidad.

También hay algo lúdico en esta obra, referencias a la cultura pop se mezclan con la mitología en un poema sobre una película muda y en otro, Ágreda Piérola se refiere a su propio nombre, Rocío, y el significado de su doble poético, el rocío. Su ser, a pesar de la omnipresencia del «Yo», no es una esencia fija o una personalidad. Ser es repetir y todo aquello que afirma estar hablando desde una identidad preconcebida, con un lenguaje preconcebido, se vuelve sospechoso. Para Ágreda Piérola, tanto el exceso de información como el exceso de sinceridad se leen como velos para la comunicación, de ahí su apuesta por el desorden. Su obra no está dirigida, esencialmente, ni a ella misma ni al lector, sino a un espacio que va más allá de lo humano.

He visto palabras déspotas

he visto palabras déspotas
que dirigen ejércitos
que subyugan incendios
he visto silencios
espectros de dentadura
estatuas que el barro de la infancia guarda
pero he necesitado ser hambre
un dócil caníbal que su deseo amordaza
pero en cada des-obrar he mirado un idioma
un tiempo
un movimiento secreto
una música desconocida

Des-moramos en nuestro reino de musgo

deseosa huyo de mi máter
como es adentro así es la estasis
un sueño violento y hermoso que me devasta todas las noches
me aferro a la indulgencia de existir
para seguir soñando
mi ángel custodio retrocede oblicuamente
los grillos cantan
sola en mi desierto
rodeada de infinitesimales lobas
ni pienses en saber rocío
rompo todas las cuerdas
quemo toda la música para aprender a escuchar
al filo
mi sistema nervioso se anima a ejecutar
en la puerta de mi templo me rio
aprendo a respirar

Azar floreciendo

sueño a un hombre de Kiev leyendo a Spinoza en la cárcel
mientras hombres iletrados acamellonan en el ojo del desierto
y en la ribera a la sombra del ser
se contemplan todos un páramo de símbolos
llamado filosofía
pero no lo sustento
(soy incapaz de hacer la misma cosa dos días seguidos)
ayer di de comer a un gato enloquecido que se negaba a bajar de
   los tejados
ahora me invaden los gatos de toda la ciudad
rompen mis cosas
han atado a mi perro de las patas
lo han expulsado afuera de quien sabe qué
si para él todo es interior
recuerdo a mis amigos
avanzábamos al revés intentando recuperar la inocencia
y hoy me toca desarmar todo eso
ordenar cierto estado alterado de la emoción
y meditar acerca de las casas que he perdido
por estar distraída
por perder algunas veces la llave
o la dirección
y el plano
por olvidar igualmente en qué ciudades
se hallaban ellas edificadas
hay ruinas muy hermosas en mi corazón
un civilizado afán de desapariciones
más que nada avidez de reducir al polvo
las temeridades de la memoria

Frau im Erde

pequeña escena de hambre
donde ello cava y cava en la fortaleza de mí
no debí contraer este dolor de cabeza tan temprano
ésta nausea
las palabras que no diga
van a venir a roerme la oreja
detrás de los cristales la vía láctea ya se transaparenta
de dónde sacaré ahora el relámpago
la luminiscencia con que te he dado de beber a oscuras
a dónde irás tan temprano
por la helada calle donde no te reconozco

pequeña escena de fervor
donde tu cuerpo es el jardín de las metamorfosis del ser
tu cuerpo es mi casa

pequeña escena de temeridad
donde es demasiado pronto para decidir sobre las apariencias
pero no me conformo
                mi lengua te dibuja de memoria
su corazón tiembla en el bosque rodeado por las hienas

La oscuridad y tres extraños
en la apariencia de un cuerpo

> *En el desierto de la escritura que es tu país,*
> *el país donde no eres profeta.*
> —Blanchot, by heart

la oscuridad
y tres extraños en la apariencia de un cuerpo
en la soledad de la foresta
a nuestras espaldas se incendiaba una ciudad
habrá oído también Nerón esa música de sirenas?
la brea se ha comido una piedra
la incubó entre su argamasa guardando la flor sola que dormía
    en ella
pero la belleza del alquitrán enamora también al silencio de las
    piedras
que ahora dejamos atrás
solo en la oscuridad veremos claro decía el francés
cuando el silencio se pone a bailar
te imaginas cuan risibles son las mediciones del tiempo
para el éxtasis
y para los ojos que te vieron bailar en el filo del silencio
son peor

Cultivo un decir que no sea un hundimiento,
un lenguaje de serpiente que me salve
en la picada.

Cómo no iba a salir volando

Cómo no iba a salir volando
en el infinito mar de electricidad.
Cómo no iba a enchufarme en el último momento,
a la marea.
Hablo desde las calles sucias de esta ciudad,
que salió de las dimensiones
donde nos juntamos en la noche
a agigantarnos.
De donde después venimos a morir desorientadas.
Como ya lo he dicho en otro lado,
se me sigue escapando lo promedio.
Me prometo a la infraexperiencia
en razón de devenir hormiga.
(En cuestiones de límite,
no dije que fuese inofensiva)
Me muevo apenas lo necesario
en razón de devenir astro.
Como si todo no estuviera prometido a ser.
Como si por si acaso todo no estuviera al borde
de igualmente no ser.
Por eso me desagravio cada día,
me lavo las heridas,
me perdono los asaltos de dinamita,
las bajas multitudinarias.
Apago los televisores.
No hay paisaje que soporte el corte que
estoy haciendo desde aquí.
Corto las sustancias,
me limpio para procesar el silencio:
En mi infancia un pueblo porvenir.
En mi infancia un ángel que me prometió la ira.
Ahora me guío por la cosmografía
del paraíso perdido.
Mi lenguaje no soporta un orden vertical.
Me hago invertebrada pero no inofensiva.

siempre vamos a llegar tarde o demasiado temprano nunca a
   tiempo
nuestra religión ha sido el silencio
la oscuridad era un modo de mirar
para ver lo que quiero es preciso
no mirar dejar las cosas bullendo trastornadas en la
   contingencia
(en cierto grado obrar es crimen)
pero eso no revela nada del silencio dices
el silencio es un campo minado perdona que me contradiga
el silencio es un campo minado con niños mudos corriendo
mientras late un corazón impreciso
más allá de cualquier escucha
dentro de ese silencio construyo mi casa afilo mis lápices
y peino mi cabello
dentro de esa casa bendigo la luz y su caricia
dentro de esa casa me rio como loca
elijo mi vestido mi siglo y mi país
a la altura exacta de mi equivocación
dentro de esa casa me des-vivo
me convenzo de que es el único modo siglo tras siglo
hasta ahora

El otoño nos apuñala desde sus páginas

(*a partir de una imagen de Margarita Terekhova*)

el otoño nos apuñala desde sus páginas
mi ojo naufraga en el tiempo y en el fulgor oscuro de tu cabello
se pierde como legión de astros viajando veloces
en dirección opuesta a toda percepción
como cardumen delirante fugitivo de lo azul
y de un espectro de tu saliva
nunca he estado aquí antes
mi vida transcurre en secuencias de diecisiete minutos
olvídame lo más pronto posible
(sería Ud. capaz de traerme un vaso con agua)
te cubres de candor
te cubres de hilo y cual saeta
te encausas en sucesiones encadenadas a un vacío
innecesariamente fatídico
inviertes tu dirección hacia dónde no había que llegar
te vuelves hacia los lobos amando la carne
en una caída minuciosamente no newtoniana
consérvate sobria
incluso el diablo sintió pudor en el instante justo
perdóname estoy seduciendo una mueca tuya en el espejo
ármame de valor me estoy resistiendo al canibalismo de su
    reflejo
olvídame no voy a argumentar a favor ni en contra
sabía que insistirías en un paisaje azul
sabía que intentarías recobrarme en el fulgor de una visión
sin pies ni cabeza
Nel mezzo del cammin di nostra vita mi ritrovai per una selva
    oscura...
cuando la música ya no baste para perfeccionar la respiración
lee sólo lo subrayado
vamos a llegar tarde

llegue a donde tenga que llegar el envío
su perdida alegría
recobrada

No obstante el sueño

no obstante el sueño
y puesto que estamos durmiendo ahora
como si reparásemos en ese tropezar profundo
de la superficie
lo abismo del espejo
lo vértigo de—
de la caperucita y el logos feroz
ya hablaremos en otra parte
te digo que había una dirección
para este conjuro
un puente
pero ha pasado tanto tiempo de eso
ha corrido mucho lodo en la casa del agua
ahora acechamos el menor acontecimiento
sin embargo ha sucedido, decimos
de un eco antiguo que el viento
casi sin querer recita
madre oscurità
oh templo del sistema nervioso
sea divino este cansancio
admítelo también tú diosa amnésica
en la alta noche
cuando sonríes en la gravedad del párpado
entre ojo y ojo
que no quieres como el mar
seguir recomenzando
no obstante
las bandadas expansivas del ser
su manada de lobos
la inmanencia de las raíces de la alegría
el susurro de las estrellas
no obstante
la ciudad el páramo
la persistencia en esta locura llamada tiempo
no he olvidado dirigir este peligro

colecciono sutiles movimientos en una playa de piedra
la batalla no está perdida de ningún modo
inventarío incluso cada movimiento minúsculo
lo rebajo todavía un poco por los bordes al esculpir
desafino mi lengua
la que me sirvió de palo para recoger la fruta
cuando nos expulsaron
y vuelvo a comenzar

Los nadadores alinean sus brazadas

los nadadores alinean sus brazadas
a orillas de mi alma
nombrar este estadío
atreverse a decir alma
los años vienen en ráfagas
yo inconcluyo
espero coronada en amor
desorganizo mis costumbres
coreografío ingenuamente frente al silencio de cara a él
pasan por mis ojos
el oro donde baila el polvo de la casa infantil
pasan camellos
la misma calle Bolívar de todas las veces
la luna roja y los gritos de mis madres
la tormenta fotografía instantes en fuga
extraño los caballos pintados con tiza azul en las paredes
reconozco la voluntad de crear espacios bonitos
donde no hallo
y no solamente eso
desarmo mis instrumentos
los desafino para captar otros ruidos
me ha mirado un insecto
no era ésta la forma de llegar supongo
alineo mis ojos en una dirección
que me permita naufragar
nada más que en mí
amarilleo
no enfrento respuesta
resguardo un error como si fuese un refugio
acorralo una idea que relincha y patea por salir
no importa
afuera *devenir viento*
me mira a la cara
persisto
invisible que soy

Como en una vieja película

Como en una vieja película
de un oscurecido mito
Atahuallpa conversa con Pizarro
(Pizarro sólo mueve los labios)
en la película de Atahualpa
su lengua (la de Pizarro) no es de hombre
su lengua (la de Pizarro) es un gruñido extraño
pero qué es esto que me arrojas hombre rojo,
pero qué es esto hombre lanudo?
pura mancha,
una procesión infinita de lóbregas hormigas?
pregunta Atahuallpa
Pizarro sólo mueve los labios.

ahora. El orden no lo tengo asimilado, mi pensamiento corre en pos de diecinueve direcciones distintas al menos. Poseo cierto ritmo, la arritmia me ha dado la armonía. Debo mentirte. Mi país es el sinsentido. Pesimismo dionisíaco. Amor, porque debo mentirte, escribo. Para que regreses. Para que nunca te hayas ido. El lenguaje es un peligro para temporalidad. Me da risa la situación trágica en la que los últimos acontecimientos me tienen sumido. No olvido, no te olvido, la costumbre de amar y cuidar de un extraño. No me doleré nunca del tiempo perdido. Pero a cierta edad el tiempo debe escatimarse un poco más si se quiere hacer algo de él. La preciosa soledad, es impagable la ausencia que me has impuesto, mi amor. Cómo te lo pagaré?

*

Hector Viel te leo día y noche con mis dos ojos con mis dos manos.

Mi naturaleza: nacer a los 33.

Solo debo encauzar mi novela, tengo el tiempo, lo tengo, lo tengo. Tengo el tiempo. Recuerdo, oigo atentamente, desde el fondo del lenguaje habla cierta inteligencia. Cierto sentido, cierto orden que yo he perdido. Debo escuchar, escribir, respirar, seguir respirando, asimilarme en la escucha a ese fondo brumoso, desde donde habla el caos que no soy yo. Yo no soy lo que acontece, que soy pues. Soy el sistema? Debo recomenzar, debo respirar, debo escribir y dar cuenta de algo. De que no hay nada detrás de esta máscara? Ese pudiera ser un atajo. Pero no importa llegar, importa el recorrido, tramar, tejer el tiempo o destejerlo. De algún modo se llega. De algún modo debo llegar hasta el lenguaje. Hay zonas en él que me repelen. No hablar de ciertas cosas? Debe hablarse, pues. Precisamente de lo que no se puede hablar debe hablarse. Es lo único de lo que me interesa. Hablar. De lo que no se puede.

a contener mi éxtasis. Ven. No despertaré. No despertaré. No despertaré. Vete, es tarde y yo estoy muerto. —Malina Bach

Parece que supiésemos algo acerca del arte cuando sentimos lo que significa la palabra «soledad». —Maurice Blanchot

*

Abrazo un árbol. Mis amigos están ebrios, desparramados por el frío. Ahora voy a aprender a escribir. Copiaré una historia para ti y la transformaré a medida que transcurre. Veré colores que soy incapaz de ver. Pintaré un desierto para vos. Te contaré una historia atroz algún día para sanarme. Para curarme de ti he de escupir un libro. Un hermoso libro y mi saliva será la estrella de cinco puntas... Escribiré con luz y vida. Y un poco de rabia. Voy a contarte una historia atroz del modo más bello. Una mujer pelirroja. Devoró mi corazón como un ave de rapiña. Voló por los aires y en medio de su canto de sirena yo vi tersa la fealdad en su hermoso rostro.

*

Escribir sobre el libro que quería buscar Xllul. Ponerlo como un personaje. Sehnsucht: partir de un equívoco. Escribir de un tema tan Estructurado, de personajes. Una mujer obsesionada con el signo y con H. Los sueños recurrentes son Sehnsucht, los episodios reales. Cuidar de un yonqui. En retrospectiva. Coppelius. Defenestración. Una escritora que no escribe. Una poeta ciega. Investigar: ¿lo político?, poesía o locura. Estilo investigativo. Fragmentos delirantes.

*

No tengo el tiempo. Debo fragmentarlo a fin de reconstituirlo y ganarle. Tengo veinte años señor y una mujer parecida a un canto. De sirenas. He de fragmentar el tiempo para reconstituirlo en sus partes mínimas, transcurso, duración, experiencia, respiración. En ello se me va la vida y los versos. Qué debo hacer

El problema es que no tengo mundo interior o es que está trabado. Qué pobre de espíritu he sido, y soy. El sufrimiento empequeñece. Y cuánto.

*

Y así pudiera continuar este relato si acaso la respiración me trajese algo que contar. No he tenido amigos, no me ha dejado nada este tiempo. Debo debo debo. Soy un analfabeto. Mi educación sentimental ha tiranizado mi tiempo. No tengo más tiempo. Aro en este desierto. Cultivo las cebollas del silencio. El mundo es un apéndice más. Entregaré estas páginas al fuego. No viviré mucho tiempo. No tengo fe ni tengo ganas. No conozco el fuego verdadero, quise sacar de mí un brillo falso, un oropel de ternuras perecederas pero hermosas como el fraude.

*

(No me daré fácilmente. He de olvidarte. Cruzaré el mar, me desvío mientras conduzco por la carretera. No veré más este espectáculo de dinosaurios, este circo del subconsciente.

Soy tímido en extremo, no te daré mi rostro. No te equivoques. Debo sacarlo todo y curarme de tu vacío. Grande, inmenso, monstruoso, y a la vez una nada, algunas palabras vulgares y expectativas. Es así como se derrumba un universo. Azul, nebuloso, un universo imposible. El último, ahora nada. Quiébrate, te aplasto contra las rocas como un molusco, todo boca y disculpas, todo excusas y exprimo solo una gota de clorofila azul de ti, la sangre del avaro.)

*

Acabo de comulgar y estoy en éxtasis. Estoy fuera de mí. Acabo de comulgar y me equilibrio fuera de mí. No quiero. No quiero. Corazón, arrítmico, ven, contra todo detente. Ven. Vencer todo y venir, en pos de algo, de una palabra desierta. Dame de beber, esta madrugada los pájaros pian y comen arroz. Antes del diluvio, ven,

Sunlight will win

> *literature will lose, sunlight will win, don't worry*
> —Franz Wright

No sucede en ninguna parte. No es un cuento. No sé lo que sea. Me fue dictado o acaso lo estoy inventado en este momento. Estoy en un hospital, todo es blanco desinfección y recuerdo sólo el relincho de un caballo. Doy gracias de que sea lo único que llene mi memoria, excepto la estructura inofensiva de mi lenguaje.

No sé qué idioma hablo, pero siento que lo domino, como se domina una visión, que abarca un espectro ilimitado de microvisiones. Me explico. Es como si mi lenguaje fuese una materia que se amoldara perfectamente a mi pensamiento, no hay tirantez, no hay necesidad de agonía. Puedo decir exactamente lo que pienso, en cuanto quiera decirlo, si acaso quisiera decirlo. No recuerdo nada, y pienso que tan solo con poseer la capacidad potencial del habla he de poseer de algún modo las llaves del infierno. Si he de metaforizar, basta con que quiera abrir la boca.

*

No he de ser cobarde.

Debo contar algo primero. El muchacho que conocí de camino al cementerio se llamaba Xllul. Era moreno, tenía ojos grandes, pequeña nariz aguileña. Tenía las manos frías y la mirada tramposa. No estoy conforme con este modo de describir. Es bastante flojo, no aporta dimensión alguna a mi relato. Quizá si pudiera al menos echar mano del tiempo. Tú eres Xllul. Tú eres tiempo. Tú eres el primero y el último muchachito que conocí y que conoceré, te he evocado en todos los demás. Esto no resulta cierto del todo. No lo es.

Caballos pintados con tiza azul
© Rocío Ágreda Piérola, 2021
Traducción © Jessica Sequeira, 2021
Traducción al español de la Nota del traductor de Felipe Orellana Baeza

Señal #16
ISBN 978-1-946433-86-2

Primera edición, Primera impresión, 2021
600 ejemplares

Ugly Duckling Presse
The Old American Can Factory
232 Third Street, #E-303
Brooklyn, NY 11215
uglyducklingpresse.org

Diseño gráfico de la serie: Andrew Bourne
Maquetación: Don't Look Now!
Fuente: Chronicle Text
Impresión y encuadernación: McNaughton & Gunn
Impresión tipográfica de la tapa y de las guardas: Ugly Duckling Presse

Distribución: SPD | Small Press Distribution
spdbooks.org

Obra publicada con el apoyo del Consejo de las Artes del Estado de Nueva York, con el apoyo del Gobernador Andrew M. Cuomo y la Legislatura del Estado de Nueva York.
Este proyecto cuenta con el apoyo de la Fundación Robert Rauschenberg.

 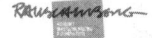

Rocío Ágreda Piérola

Caballos pintados con tiza azul